SOUPES & CO

AUTOUR DU MONDE

Moulinex®

Sommaire

MOULINEX S'EST DEPUIS TOUJOURS DONNÉ POUR MISSION DE TROUVER DES SOLUTIONS QUI FACILITENT LA VIE TOUT EN GARANTISSANT UN RÉSULTAT DE QUALITÉ. EN VOUS PROPOSANT DES APPAREILS FACILES D'UTILISATION ET D'ENTRETIEN, MOULINEX VOUS LIBÈRE DU TEMPS POUR PROFITER PLEINEMENT DE LA VIE !

SOUPES & CO

SOUP & CO EST LA NOUVELLE INNOVATION DE MOULINEX : MODERNE ET CONVIVIAL, CET APPAREIL APPORTERA FRAÎCHEUR ET VITALITÉ À VOTRE QUOTIDIEN.
SOUP & CO PERMET DE RÉALISER DE DÉLICIEUSES SOUPES FAITES MAISON EN UN TEMPS RECORD ! GRÂCE À SES 2 PROGRAMMES AUTOMATIQUES AUX TEXTURES VELOUTÉES ET MOULINÉES, RÉALISEZ DE PARFAITS VELOUTÉS ET DES MOULINÉS ONCTUEUX. PARTEZ À LA DÉCOUVERTE DE VOTRE SOUP & CO GRÂCE À CES 25 RECETTES SIMPLES ET SAVOUREUSES.

Tendance asiatique

x 4 · 10 min · 25 min P1

VELOUTÉ DE LENTILLE CORAIL AU CURRY

Ces lentilles à la couleur rosée, d'où le nom de corail, sont très consommées en Inde. Plus fines que les lentilles traditionnelles, elles sont particulièrement recommandées pour la réalisation de soupe ou de purée appelées « dhal ».

- \+ 150 g de lentilles corail
- \+ 100 g d'oignon
- \+ 1 gousse d'ail
- \+ 1 c. à s. de curry
- \+ 1 c. à c. de coriandre en poudre
- \+ Sel
- \+ Poivre

- Épluchez et coupez l'oignon en dés. Épluchez la gousse d'ail.
- Placez les oignons, les lentilles, l'ail, le curry, la coriandre en poudre et 90 cl d'eau dans le Soup & Co. Salez et poivrez légèrement.
- Appuyez sur la touche P pour sélectionner le **programme P1**. Validez le programme en appuyant sur la touche **OK**.
- Laissez cuire 25 min. Quand la soupe est prête, l'appareil émet 3 bips. Servez chaud.

Avec un blender ou un mixeur plongeant :
Dans une grande casserole, faites revenir l'ail et l'oignon dans 1 c. à s. d'huile d'olive pendant quelques minutes. Ajoutez le curry, la coriandre en poudre, les lentilles corail et 90 cl d'eau. Portez à ébullition, couvrez puis baissez le feu et faites cuire pendant 20 min. Mixez ensuite la soupe à l'aide d'un blender ou d'un mixeur plongeant.

MSS
METTUR TRAVELS
METTUR SUPER SERVICE
HOTEL SIDDHARTH

VELOUTÉ DE CHOU-FLEUR AU GARAM MASALA

Le garam masala est un mélange d'épices réduites en poudre et utilisé dans le Nord de l'Inde. Les épices sont tout d'abord torréfiées puis écrasées sur une pierre.

- 500 g de chou-fleur
- 100 g de carottes
- 2 gousses d'ail
- 1 c. à c. de gingembre frais râpé
- 1 c. à c. de garam masala
- Sel
- Poivre

- Lavez le chou-fleur et détaillez-le en petits morceaux. Épluchez les carottes et coupez-les en tronçons. Épluchez la gousse d'ail et le gingembre.
- Placez le chou-fleur, les carottes, l'ail, le gingembre, le garam masala et 85 cl d'eau dans le Soup & Co. Salez et poivrez légèrement.
- Appuyez sur la touche P pour sélectionner le **programme** P1. Validez le programme en appuyant sur la touche **OK**.
- Laissez cuire 25 min. Quand la soupe est prête, l'appareil émet 3 bips. Servez chaud.

Avec un blender ou un mixeur plongeant :
Faites chauffer un faitout à feu moyen avec 1 c. à s. d'huile d'olive. Ajoutez les épices, l'ail et le gingembre. Faites-les revenir pendant 2 min puis ajoutez le chou-fleur et la carotte. Salez légèrement, ajoutez le bouillon et faites cuire pendant 20 min. Mixez le tout à l'aide d'un blender ou d'un mixeur plongeant.

TOM YAM DE POULET

Cette soupe populaire aigre-douce originaire de Thaïlande est désormais connue dans le monde entier. Épicée et odorante, elle est parfaite si on désire réaliser une soupe légère et originale.

- Coupez les escalopes de poulet en fines lanières. Lavez rapidement les champignons et émincez-les très finement. Épluchez l'échalote et la gousse d'ail et coupez-les le plus finement possible.
- Épluchez le gingembre et coupez-le en très fines lamelles. Détaillez la citronnelle en tronçons et pressez le citron vert afin d'en extraire le jus. Effeuillez le bouquet de coriandre.
- Placez l'ail, l'échalote, la citronnelle, le piment, le jus de citron vert, le gingembre, la sauce de poisson et le bouillon dans le Soup & Co.
- Utilisez le Soup & Co en mode manuel. Réglez le timer sur 25 min et la température sur 100 °C. Validez en appuyant sur la touche **OK**.
- Laissez cuire 20 min, ajoutez le poulet, les champignons et le lait de coco par le haut de l'appareil, sans arrêter la cuisson.
- Servez très chaud en parsemant les bols de feuilles de coriandre. Il est possible de retirer la citronnelle si cette dernière ne vous paraît pas appétissante dans l'assiette.

Avec un blender ou un mixeur plongeant :

Mettez le bouillon, l'ail, l'échalote, la citronnelle, le piment, le jus de citron vert, le gingembre et la sauce de poisson dans un faitout. Faites cuire le tout à feu moyen pendant 12 min. Ajoutez ensuite le poulet, les champignons et le lait de coco puis faites cuire pendant 5 min. Mixez cette soupe à l'aide d'un blender ou d'un mixeur plongeant.

+ 200 g de blancs de poulet
+ 150 de champignons
+ 1 échalote
+ 1 gousse d'ail
+ 4 cm de gingembre
+ 3 bâtons de citronnelle
+ 1 citron vert
+ 1 bouquet de coriandre
+ 60 cl de bouillon de volaille
+ 1 petit piment rouge frais
+ 3 c. à s. de sauce de poisson (ou Nuoc Mâm)
+ 20 cl de lait de coco
+ Sel

x 4/5 · 10 min · 25 min P1

SOUPE DE CREVETTES

Appelée « Bobo de camarao » au Brésil, cette soupe au lait de coco est douce et épicée. Une occasion parfaite pour faire voyager vos papilles au pays de la Samba.

+ 400 g de crevettes
+ 2 carottes
+ 1 oignon
+ 1 gousse d'ail
+ 1 petit bouquet de coriandre fraîche
+ 2 citrons verts
+ 70 cl de fumet de poisson
+ 1 c. à s. de gingembre râpé
+ 1 c. à c. de curry
+ 1 c. à c. de paprika fumé
+ 1 c. à s. de pulpe de tomate
+ 100 ml de lait de coco
+ Sel

- Épluchez les carottes et l'oignon et coupez-les en petits dés. Épluchez, dégermez la gousse d'ail puis hachez-la. Hachez le bouquet de coriandre. Pressez les 2 citrons afin d'en extraire le jus.
- Placez les carottes, l'oignon, l'ail, le gingembre, le curry, le paprika, les crevettes, la pulpe de tomate et le fumet de poisson dans le Soup & Co. Salez légèrement.
- Appuyez sur la touche P pour sélectionner le **programme** P1. Validez le programme en appuyant sur la touche **OK**.
- Au bout de 20 min de cuisson, ajoutez le lait de coco et le bouquet de coriandre haché par le haut de l'appareil sans arrêter le programme.
- Quand la soupe est prête, servez-la avec un filet de jus de citron vert.

Avec un blender ou un mixeur plongeant :
Dans un faitout, faites revenir à feu doux l'oignon, l'ail, le gingembre, le curry et le paprika dans 1 c. à s. d'huile d'olive. Ajoutez la pulpe de tomate ainsi que les carottes et faites cuire pendant 2 min. Ajoutez ensuite le fumet et faites cuire pendant 10 min. Ajoutez le lait de coco, le bouquet de coriandre haché et les crevettes puis continuez la cuisson pendant 5 min à feu doux.

特典付き！
福岡まち歩き
キャンペーン
実施中!
路線図
FISH ¥1,500.-
COTTON INDIGO
CROSSING
POLICE BOX
TOKYO 106

SOUPE DE LÉGUMES, SÉSAME ET MISO

Le miso est utilisé comme condiment dans la cuisine japonaise. Il permet de relever un plat ou une soupe. Il existe de nombreuses variétés de miso de soja « Nato miso » au parfum doux et léger.

=  +  +  + 

- Lavez le chou chinois et détaillez-le en fines lanières.
  Pelez les carottes et les patates douces puis coupez-les en morceaux.
- Placez les carottes, les patates douces, le chou chinois et le bouillon dans le Soup & Co. Salez légèrement.
- Appuyez sur la touche P pour sélectionner le **programme** P2.
  Validez le programme en appuyant sur la touche **OK**. Laissez cuire 35 min.
- Dans une petite poêle, faites griller légèrement les graines de sésame et réservez-les.
- Quand la soupe est prête, l'appareil émet 3 bips. Ajoutez le miso et mixez pendant 1 min à vitesse 3. Au moment de servir, saupoudrez les bols de graines de sésame.

+ 3 c. à s. de graines de sésame
+ 250 g de chou chinois
+ 250 g de carottes
+ 250 g de patates douces
+ 80 cl de bouillon de légumes
+ 1 c. à s. de miso
+ Sel

Avec un blender ou un mixeur plongeant :
Faites chauffer un faitout à feu moyen et ajoutez 1 c. à s. d'huile d'olive. Faites revenir quelques minutes les carottes, les patates douces et le chou chinois puis ajoutez le bouillon de légumes. Couvrez, baissez le feu et faites cuire pendant 20 min. Mixez la soupe avec le miso pendant 1 min à l'aide d'un blender ou d'un mixeur plongeant.

Thai

SOUPE DE TOMATE COCO-CITRONNELLE

La citronnelle est une plante aromatique qui, comme son nom l'indique, a un goût proche de celui du citron. Très parfumée, on la retrouve fréquemment dans les recettes d'Asie du sud-est.

=  +  +  + 

- Enlevez les premières feuilles des tiges de citronnelles et coupez-les aux deux tiers dans le sens de la longueur afin de garder la partie tendre, celle qui est proche de la racine. Coupez les parties tendres ainsi obtenues le plus finement possible.
- Placez les tomates, le lait de coco, la citronnelle, le curry, le sel, le poivre et 20 cl d'eau dans le Soup & Co.
- Appuyez sur la touche P pour sélectionner le **programme** P1. Validez le programme en appuyant sur la touche **OK**.
- Laissez cuire 25 min. Quand la soupe est prête, l'appareil émet 3 bips. Servez chaud.

+ 600 g de tomates fraîches pelées
+ 2 tiges de citronnelle
+ 20 cl de lait de coco
+ 1/2 c. à c. de curry
+ Sel
+ Poivre

Avec un blender ou un mixeur plongeant :
Mettez 10 cl d'eau, les tomates, la citronnelle, le curry et le sel dans une casserole. Faites chauffer à feu vif pour porter à ébullition. Couvrez, baissez le feu et faites cuire pendant 10 min. Ajoutez ensuite le lait de coco et continuez la cuisson pendant 5 min. Mixez la soupe à l'aide d'un blender ou d'un mixeur plongeant.

x 4/6 · 15 min

SOUPE DE MANGUE À L'ORANGE

La mangue est l'un des fruits les plus consommés au monde. Sa chair tendre et sucrée est bien sûr délicieuse, c'est surtout un fruit riche en fibres et en vitamines excellent pour la santé !

+ 900 g de mangues
+ 30 cl de jus d'orange
+ 20 g de sucre

- Épluchez les mangues. Coupez-en la moitié grossièrement et l'autre moitié en petits cubes réguliers.
- Placez le jus d'orange, la moitié de mangues coupées grossièrement et le sucre dans le Soup & Co.
- Mixez à vitesse maximum pendant 1 min 30. Placez les mangues coupées en dés dans un saladier et recouvrez-les de la soupe de mangue.
- Servez froid.

Avec un blender ou un mixeur plongeant :
Versez le jus d'orange dans un blender, ajoutez la moitié de la mangue coupée grossièrement et le sucre. Mixez à puissance maximum pendant 1 min 30. Si vous n'avez pas de blender, mettez tous les ingrédients dans un saladier et mixez à l'aide d'un mixeur plongeant.

España
IBERIA

Tendance méditerranéenne

SOUPE DE MOULE

Plutôt que de réaliser les traditionnelles moules marinières, lancez-vous dans cette soupe de moule au léger parfum d'ailleurs. Onctueuse et savoureuse, elle est idéale sur une table de fête.

- Épluchez la pomme de terre et l'oignon, puis coupez-les en petits dés. Lavez le blanc de poireau et détaillez-le en tronçons. Épluchez et dégermez la gousse d'ail. Égouttez les moules.
- Placez la pomme de terre, le blanc de poireau, l'oignon, le vin blanc, le curry, l'ail et le fumet de poisson dans le Soup & Co. Salez légèrement.
- Utilisez le Soup & Co en mode manuel. Réglez le timer sur 20 min et la température sur 100 °C. Validez en appuyant sur la touche **OK**.
- À la fin de la cuisson, ajoutez les moules. Toujours en mode manuel, réglez le timer sur 4 min et la température sur 100 °C, validez en appuyant sur **OK**.
- Lors de la dernière minute de cuisson, ajoutez la crème liquide par le haut de l'appareil. Une fois la cuisson achevée, mixez 2 min à la vitesse minimale et augmentez ensuite progressivement.
- Mixez 2 min à la vitesse maximum. Servez chaud.

+ 200 g de moules en bocal
+ 1 pomme de terre
+ 1 oignon moyen
+ 1 blanc de poireau
+ 1 gousse d'ail
+ 50 cl de fumet de poisson
+ 5 cl de vin blanc sec
+ 1/2 c. à c. de curry en poudre
+ 10 cl de crème liquide
+ Sel

Avec un blender ou un mixeur plongeant :

Dans un faitout, faites revenir à feu moyen l'ail, l'oignon, le curry et les poireaux dans un filet d'huile d'olive. Ajoutez les pommes de terre, le vin blanc et le bouillon. Laissez cuire 10 min. Ajoutez ensuite les moules et continuez la cuisson pendant 5 min. Lors de la dernière minute de cuisson, ajoutez la crème liquide. Mixez la préparation à l'aide d'un blender ou d'un mixeur plongeant afin d'obtenir une soupe lisse.

VELOUTÉ DE CALEBASSE AUX ÉPICES À PAËLLA

La calebasse est une courge originaire d'Afrique et utilisée dans la cuisine espagnole. Elle peut être aussi appelée « gourde » en raison de sa forme.

+ 550 g de courge espagnole
+ 1 branche de céleri
+ 1 blanc de poireau
+ 1 c. à c. de piment de Cayenne
+ 1 dose de filament de safran
+ Sel
+ Poivre

- Coupez la courge en cubes puis taillez le céleri branche et le blanc de poireau en tronçons.
- Placez la courge, le blanc de poireau, la branche de céleri, le piment de Cayenne et 90 cl d'eau dans le Soup & Co. Salez et poivrez légèrement.
- Appuyez sur la touche P pour sélectionner le **programme P1**. Validez le programme en appuyant sur la touche **OK**.
- Laissez cuire 20 min, puis ajoutez le safran par le haut de l'appareil sans arrêter la cuisson.
- Laissez cuire 5 min. Quand la soupe est prête, l'appareil émet 3 bips. Servez chaud.

Avec un blender ou un mixeur plongeant :

Mettez 90 cl d'eau, les cubes de courge, le poireau, le céleri et le piment de Cayenne dans une casserole. Salez légèrement, portez à ébullition et couvrez. Baissez le feu et faites cuire pendant 25 min environ. Mixez la soupe à l'aide d'un blender ou d'un mixeur plongeant. La texture doit être lisse.

x 4

5 min

AJO BLANCO

Cette soupe froide est une spécialité andalouse. Elle doit sa belle couleur blanche à la présence d'amandes qui lui confèrent d'ailleurs ce goût si particulier.

- Placez les gousses d'ail, la mie de pain, la purée d'amande, l'huile d'olive, le safran, le sel et le lait dans le Soup & Co.
- Mixez en vitesse 2 pendant 30 s puis augmentez progressivement la vitesse jusqu'à atteindre la vitesse maximum. Mixez pendant 3 min à vitesse maximum.
- Au moment de servir, ajoutez des glaçons si vous souhaitez une soupe glacée.

Avec un blender ou un mixeur plongeant :
Mettez le lait, les gousses d'ail, la mie de pain, la purée d'amande, l'huile d'olive, le safran et le sel dans le bol d'un blender. Mixez pendant 3 min afin d'obtenir une texture lisse. Si vous n'avez pas de blender, mettez tous les ingrédients dans un saladier et mixez à l'aide d'un mixeur plongeant.

+ 100 g de purée d'amande blanche
+ 70 cl de lait demi-écrémé
+ 2 gousses d'ail
+ 20 g de mie de pain
+ 10 cl d'huile d'olive
+ 1 dose de safran
+ Sel

x 4

10 min

SOUPE GLACÉE DE CONCOMBRE COMME UN TZAZIKI

Le tzaziki est un mezze grec qui se déguste en début de repas. Cette recette s'en inspire directement et la Grèce s'invite sur votre table sous forme de soupe glacée...

+ 600 g de concombre
+ 1 gousse d'ail
+ 300 g de yaourt à la grecque
+ 1 c. à s. de Tabasco®
+ 1 c. à s. de menthe
+ Sel
+ Poivre

- Épluchez le concombre, épépinez-le puis coupez-le en dés. Épluchez la gousse d'ail.
- Mettez le yaourt, le concombre, l'ail, le Tabasco® et la menthe dans le Soup & Co. Salez et poivrez légèrement.
- Commencez à actionner le sélecteur de vitesse, doucement dans un premier temps puis augmentez la vitesse jusqu'au maximum. Mixez à vitesse maximum pendant 1 min 30 et servez immédiatement.

Avec un blender ou un mixeur plongeant :

Mettez tous les ingrédients dans le bol d'un blender et salez légèrement. Mixez jusqu'à obtention d'une texture lisse. Si vous n'avez pas de blender, mettez tous les ingrédients dans un saladier et mixez à l'aide d'un mixeur plongeant.

"ΕΜΠΡΟΣ"

x 6

10 min

GASPACHO

Cette soupe espagnole tient son nom du plat dans lequel elle était préparée et qui s'appelait «gazpacho».

+ 850 g de tomates au naturel avec leur jus (en boîte)
+ 1/2 poivron rouge
+ 1/2 poivron vert
+ 1/2 concombre
+ 2 petits oignons blancs
+ 1 gousse d'ail
+ 2 tranches de pain de mie
+ 4 c. à s. d'huile d'olive
+ 1 c. à s. de vinaigre balsamique
+ Sel

- Lavez les poivrons et épluchez le concombre, épépinez-les et coupez-les en dés.
- Épluchez les oignons et coupez-les en quatre. Pelez et dégermez la gousse d'ail.
- Placez les tomates, les dés de poivron et de concombre, l'ail, les oignons, le pain, l'huile d'olive et le vinaigre dans le Soup & Co. Salez légèrement.
- Mixez en vitesse 3 pendant 30 s. Mixez pendant 2 min à vitesse maximum.
- Au moment de servir, ajoutez des glaçons si vous souhaitez une soupe glacée.

Avec un blender ou un mixeur plongeant :

Mettez les tomates, les poivrons, le concombre, l'ail, les oignons, le pain, l'huile d'olive et le vinaigre dans le bol d'un blender. Salez légèrement. Mixez pendant 2 min à vitesse maximum. Si vous n'avez pas de blender, mettez tous les ingrédients dans un saladier et mixez à l'aide d'un mixeur plongeant. Servez immédiatement.

España
España
España
IBERIA

CRÈME DE POIS CHICHES AU YAOURT

Le pois chiche est un des légumes secs les plus utilisés dans la cuisine méditerranéenne. Avec cette soupe, vous aurez tout le loisir de découvrir qu'il est aussi délicieux sous forme de crème.

- Épluchez et dégermez la gousse d'ail puis écrasez-la avec la paume de la main. Égouttez les pois chiches.
- Placez les pois chiches, l'ail, le tahin et 40 cl d'eau dans le Soup & Co.
- Appuyez sur la touche P pour sélectionner le **programme P1**. Validez le programme en appuyant sur la touche **OK**. Laissez cuire 25 min. Quand la crème est prête, l'appareil émet 3 bips.
- Ajoutez alors le yaourt et 1 grosse pincée de sel puis mixez 2 min à vitesse 3. Laissez refroidir.
- Au moment de servir, ajoutez le jus de citron. Cette crème se sert tiède ou froide sur des toasts à l'apéritif.

+ 200 g de pois chiches en boîte ou en bocal
+ 1 gousse d'ail
+ 1 c. à s. de tahin
+ 50 g de yaourt type grec
+ 1 c. à s. de jus de citron
+ Sel

Avec un blender ou un mixeur plongeant :

Mettez les ingrédients dans un faitout sauf le citron et le yaourt. Faites cuire le tout à feu moyen pendant 12 min. Arrêtez la cuisson et ajoutez le yaourt et le jus de citron. Mixez à l'aide d'un blender ou d'un mixeur plongeant.

x 4 · 10 min · 30 min P1

SOUPE FROIDE DE CAROTTE, CORIANDRE ET CITRON

Cette soupe froide, facile à préparer, est parfaite pour les soirs d'été. Rafraîchissante et parfumée, elle vous donne un avant-goût des saveurs marocaines.

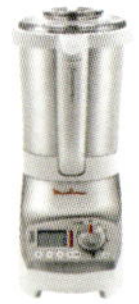
+

+

+

=

+ 400 g de carottes
+ 1 oignon
+ 1/2 bouquet de coriandre frais
+ 2 gousses d'ail
+ 1 citron
+ Sel

- Épluchez les carottes et l'oignon puis coupez-les en dés. Effeuillez la coriandre et épluchez l'ail.
- Pressez le citron pour en extraire le jus.
- Placez les carottes, l'oignon, l'ail, la coriandre, la moitié du jus de citron et 60 cl d'eau dans le Soup & Co. Salez légèrement.
- Appuyez sur la touche P pour sélectionner le **programme** P1. Réglez le timer sur 30 min. Validez le programme en appuyant sur la touche **OK**.
- Laissez cuire 30 min, quand la soupe est prête, l'appareil émet 3 bips. Goûtez et ajoutez le reste du jus de citron si nécessaire. Laissez refroidir.
- Servez tiède ou froid.

Avec un blender ou un mixeur plongeant :

Faites chauffer un faitout à feu moyen et ajoutez 1 c. à s. d'huile d'olive. Ajoutez l'oignon, l'ail puis les carottes. Faites revenir le tout pendant 5 min. Ajoutez le bouillon et laissez cuire 20 min à feu moyen. Au moment de mixer, ajoutez le jus de citron et le bouquet de coriandre. Mixez à l'aide d'un blender ou d'un mixeur plongeant.

TAZA
Ouled-Driss
Bab-el-Arba
Ouarirth
1631
Bel-Farah
Tifrassine

Nafpaktos
THIVA

SOUPE DE LÉGUMES DU SOLEIL À LA FETA

La feta est une des composantes essentielles de la gastronomie grecque. À l'honneur dans de nombreux plats, elle bénéficie depuis peu d'une appellation d'origine protégée qui vous assure de sa qualité.

=  +  +  +  + 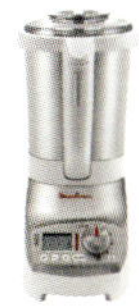

- Faites bouillir une casserole d'eau. Plongez-y les tomates pendant 1 min, égouttez-les puis pelez-les.
- Épluchez l'oignon et coupez-le en morceaux. Taillez les tomates, les courgettes, l'aubergine et le poivron rouge en petits dés. Égouttez et émiettez la feta.
- Placez les dés d'aubergine, de poivron, de courgette, de tomate, d'oignon, les miettes de feta et 70 cl d'eau dans le Soup & Co. Salez et poivrez légèrement.
- Appuyez sur la touche P pour sélectionner le **programme P2**. Validez le programme en appuyant sur la touche **OK**.
- Laissez cuire 35 min. Quand la soupe est prête, l'appareil émet 3 bips. Servez chaud.

\+ 150 g de tomates
\+ 1 oignon
\+ 150 g de courgettes
\+ 100 g d'aubergine
\+ 100 g de poivron rouge
\+ 100 g de feta
\+ Sel
\+ Poivre

Avec un blender ou un mixeur plongeant :

Faites chauffer un faitout et ajoutez 1 c. à s. d'huile d'olive. Faites revenir les oignons pendant 2 min. Ajoutez les courgettes, les tomates, les poivrons et les aubergines. Mélangez et ajoutez le bouillon. Faites cuire le tout pendant 20 min environ à feu doux. Ajoutez la feta puis mixez le tout à l'aide d'un blender ou d'un mixeur plongeant.

x 4

5 min

SOUPE DE MELON

Le Muscat est un vin qui se caractérise par sa douceur. Généralement servi en apéritif, il est idéalavec le melon et plus original que le traditionnel Porto.

+ 700 g de melon
+ 5 cl de Muscat
+ 1 citron

- Coupez les melons endeux et ôtez les pépins à l'aide d'une cuillère. Prélevez la chair des melons en vous aidant d'une petite cuillère. Coupez le citron en deux et pressez-le afin d'en extraire le jus.
- Placez le jus de citron, le Muscat et la chair des melons dans le Soup'Maker.
- Actionnez le robot àvitesse 2 et mixez 30 s puis augmentez progressivement la vitesse jusqu'à atteindre la vitesse maximum. Mixez pendant 2 min.
- Au moment de servir, ajoutez des glaçons si vous souhaitez une soupe glacée.

Avec un blender ou un mixeur plongeant :

Mettez la chair des melons, le jus de citron et le Muscat dans le bol d'un blender. Actionnez le blender à vitesse lente pendant 30 s puis augmentez progressivement la vitesse jusqu'à atteindre la vitesse maximum. Mixez pendant 2 min afin d'obtenir une texture lisse. Si vous ne disposez pas d'un blender, servez vous d'un mixeur plongeant.

1904
TRADITION
à la Main

VELOUTÉ D'ARTICHAUT DE L'ATLAS

Ce velouté vous transporte au sommet du Maroc, sur l'Atlas, et vous donne un aperçu de la richesse de la cuisine berbère.

+ 400 g de fonds d'artichaut
+ 1 gousse d'ail
+ 250 g de pommes de terre
+ 1/4 de citron confit
+ 1 c. à c. de cumin
+ 1/2 bouquet de coriandre
+ Sel
+ Poivre

- Épluchez la gousse d'ail et enlevez le germe. Épluchez les pommes de terre et coupez-les en morceaux. Détaillez le citron confit en petits dés.
- Placez les fonds d'artichaut, l'ail, les pommes de terre, le citron confit, le cumin, le sel, le poivre et 70 cl d'eau dans le Soup & Co.
- Appuyez sur la touche P pour sélectionner le **programme P1**. Validez le programme en appuyant sur la touche **OK**. Laissez cuire 25 min.
- Pendant la cuisson, ciselez finement le demi-bouquet de coriandre et réservez-le dans un petit bol.
- Quand la soupe est prête, l'appareil émet 3 bips.
- Servez chaud et ajoutez juste avant de servir le bouquet de coriandre ciselé.

Avec un blender ou un mixeur plongeant :
Dans un faitout, faites revenir à feu moyen l'ail, le citron confit, le cumin et le sel dans un filet d'huile d'olive. Ajoutez les pommes de terre et les fonds d'artichaut et faites cuire le tout pendant 5 min. Ajoutez l'eau, couvrez et laissez cuire 15 min à feu moyen. Mixez à l'aide d'un blender ou d'un mixeur plongeant.

VELOUTÉ DE PIQUILLOS

Les «pimientos del piquillo» sont de petits poivrons triangulaires traditionnellement produits au Pays Basque. Ils sont le plus souvent vendus en conserve.

=  +  +  + 

- Épluchez l'oignon et la gousse d'ail puis coupez-les grossièrement.
- Placez les tomates, l'oignon, l'ail, les piquillos, le piment d'Espelette, le sel, le poivre et 30 cl d'eau dans le Soup & Co.
- Appuyez sur la touche P pour sélectionner le **programme P1**. Validez le programme en appuyant sur la touche **OK**.
- Laissez cuire 25 min et quand l'appareil émet 3 bips, ajoutez la crème. Mixez 1 min à vitesse maximum. Servez tiède.

+ 400 g de piquillos
+ 1 oignon
+ 1 gousse d'ail
+ 400 g de tomates pelées avec leur jus
+ 1 c. à c. de piment d'Espelette
+ 10 cl de crème liquide
+ Sel
+ Poivre

Avec un blender ou un mixeur plongeant :

Dans un faitout, faites revenir à feu moyen pendant 2 min l'ail et l'oignon dans 1 c. à s. d'huile d'olive. Ajoutez ensuite tous les ingrédients, mélangez et faites revenir pendant 3 min. Ajoutez 20 cl d'eau, couvrez et faites cuire pendant 12 min à feu doux. Mixez la préparation à l'aide d'un blender ou d'un mixeur plongeant afin d'obtenir une texture lisse. Ajoutez la crème et mixez à nouveau 1 min à puissance maximum.

happy
hallow

P
S
ketchup

NRT
DUS

Tendance américaine

VELOUTÉ D'HALLOWEEN

Célébrée dans les pays anglo-saxons, la fête d'Halloween a pour emblème le potiron. Il est présent de manière décorative mais aussi sous forme de tarte ou comme ici, de soupe !

+ 650 g de potiron
+ 120 g de blanc de poireau
+ 30 g de céleri branche
+ 1/2 cube de bouillon de légumes
+ 1/2 c. à c. de cannelle
+ Sel

- Lavez le potiron, coupez-le en deux et ôtez les graines et la peau. Découpez-le en morceaux. Lavez le blanc de poireau et le céleri branche puis coupez-les en tronçons.
- Placez le potiron, le blanc de poireau, le céleri, le 1/2 cube de bouillon, la cannelle et 70 cl d'eau dans le Soup & Co. Salez légèrement.
- Appuyez sur la touche P pour sélectionner le **programme P1**. Validez le programme en appuyant sur la touche **OK**.
- Laissez cuire 25 min. Quand la soupe est prête, l'appareil émet 3 bips. Servez chaud.

Avec un blender ou un mixeur plongeant :
Faites chauffer un faitout à feu moyen et ajoutez 1 c. à s. d'huile d'olive. Faites revenir tous les légumes pendant 2 min et salez légèrement. Ajoutez le bouillon et faites cuire pendant 25 min. Mixez le tout à l'aide d'un blender ou d'un mixeur plongeant.

happy
hallo

VELOUTÉ DES BAYOUS

Les marécages situés en Louisiane portent le nom de Bayou. Les habitants de cette région ont depuis des siècles une tradition culinaire bien différente de celle du reste des Etats-Unis. Coloré et épicé, ce velouté en est la parfaite illustration.

=  +  +  + 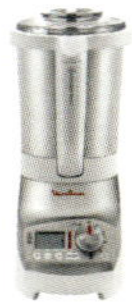

- Épluchez les patates douces et les oignons puis coupez-les en petits cubes. Épluchez les gousses d'ail et écrasez-les avec la paume de la main.
- Placez les patates douces, les oignons, l'ail, le cube de bouillon, le piment, le cumin et 75 cl d'eau dans le Soup & Co. Salez légèrement.
- Appuyez sur la touche P pour sélectionner le **programme** **P1**. Validez le programme en appuyant sur la touche **OK**.
- Laissez cuire 25 min, quand la soupe est prête, l'appareil émet 3 bips. Servez chaud.

+ 550 g de patates douces
+ 2 petits oignons jaunes
+ 3 gousses d'ail
+ 1 cube de bouillon de légumes
+ 1/2 c. à c. de piment de Cayenne
+ 1 c. à c. de cumin
+ Sel

Avec un blender ou un mixeur plongeant :

Mettez les patates douces, les oignons, l'ail, l'eau, le cube de bouillon, le piment et le cumin dans une casserole. Salez légèrement. Faites chauffer à feu doux, couvrez et faites cuire pendant 20 min. À la fin de la cuisson, mixez la préparation à l'aide d'un blender ou d'un mixeur plongeant.

SOUPE DE MAÏS

Aliment favori des Indiens d'Amérique du nord, le maïs est très présent dans la cuisine américaine. Il se décline dans de nombreuses recettes comme le pain ou encore... les soupes.

=  +  + 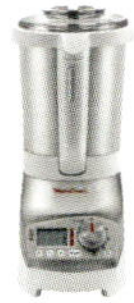

- Égouttez le maïs.
- Placez la crème liquide, le maïs, le paprika fumé, le sel, le poivre et 30 cl d'eau dans le Soup & Co.
- Appuyez sur la touche P pour sélectionner le **programme P1**. Validez le programme en appuyant sur la touche **OK**.
- Laissez cuire 25 min. Quand la soupe est prête, l'appareil émet 3 bips.
- Si vous désirez un potage plus lisse, filtrez la préparation à l'aide d'une passoire. Servez chaud.

+ 450 g de maïs en conserve
+ 30 cl de crème liquide à 12 % de MG
+ 1 c. à c. de paprika fumé
+ Sel
+ Poivre

Avec un blender ou un mixeur plongeant :

Mettez l'eau, le maïs, le paprika fumé et sel dans un faitout. Faites cuire le tout pendant 15 min environ à feu moyen. Ajoutez ensuite la crème et continuez la cuisson pendant 5 min. Mixez le tout à l'aide d'un blender ou d'un mixeur plongeant.

x 4/5 · 20 min · 35 min P2

SOUPE D'AUBERGINE À LA BRÉSILIENNE

Cette belle soupe goûteuse et colorée vous emmènera tout droit à Salvador de Bahia, il ne vous reste plus qu'à tendre l'oreille pour entendre des airs de Samba…

+ 1 grosse aubergine
+ 2 grosses gousses d'ail
+ 3 oignons verts
+ 1 piment vert
+ 1 l de bouillon de volaille
+ 250 g de tomates fraîches
+ 1/2 bouquet de coriandre
+ Sel

- Coupez l'aubergine en deux et enlevez les pépins, puis détaillez-la en petits dés. Salez la chair et faites-la dégorger pendant une dizaine de minutes. Épluchez et hachez les gousses d'ail.
- Épluchez et ciselez les oignons. Épépinez le piment et coupez-le finement.
- Placez les dés d'aubergine, les oignons, l'ail, le piment, les tomates et le bouillon dans le Soup & Co. Salez légèrement.
- Appuyez sur la touche P pour sélectionner le **programme P2**. Validez le programme en appuyant sur la touche **OK**.
- Laissez cuire 35 min. Quand la soupe est prête, l'appareil émet 3 bips.
- Effeuillez le demi-bouquet de coriandre et saupoudrez-en les bols au moment de servir.

Avec un blender ou un mixeur plongeant :

Dans un faitout, mettez 1 c. à s. d'huile d'olive et faites chauffer à feu doux. Ajoutez les oignons, l'ail et le piment puis faites revenir 5 min en remuant. Ajoutez les aubergines et les tomates et mélangez pendant 2 min. Ajoutez le bouillon, couvrez et faites cuire à feu moyen pendant 15 min. Mixez à l'aide d'un blender ou d'un mixeur plongeant.

x 4/6

5 min

FÉROCE D'AVOCAT EN SOUPE GLACÉE

Le féroce d'avocat est une spécialité originaire des Antilles. Le terme « féroce » désigne la force du piment. Cette « férocité » est naturellement à ajuster en fonction de vos papilles.

+ 3 avocats
+ 1 gousse d'ail
+ 1 citron vert
+ 20 cl de lait de coco
+ 1 c. à s. de concentré de tomate
+ 1 petit piment rouge
+ Sel

- Coupez les avocats en deux, enlevez le noyau et prélevez la chair. Pelez et dégermez la gousse d'ail.
- Pressez le citron vert afin d'en extraire le jus.
- Placez 20 cl d'eau, le lait de coco et 1 pincée de sel dans le Soup & Co. Ajoutez la chair d'avocat, la gousse d'ail, le concentré de tomate, le jus de citron et le piment.
- Mixez en vitesse 2 puis augmentez progressivement la vitesse jusqu'à atteindre la vitesse maximale. Mixez alors pendant 2 min.
- Servez immédiatement ou laissez la préparation au frais.

Avec un blender ou un mixeur plongeant :
Mettez la chair d'avocat, la gousse d'ail, le concentré de tomate, le jus de citron et le piment dans le bol d'un blender. Ajoutez l'eau, le lait de coco et une pincée de sel. Actionnez le blender à la vitesse la plus lente. Augmentez progressivement la vitesse jusqu'à atteindre la vitesse maximale et mixez pendant 2 min.

El Yucateco

x 4 — 5 min

MILKSHAKE À LA BANANE

Littéralement « lait frappé », le milkshake a connu son essor dans les années 30 avec l'invention du réfrigérateur. Il peut être consommé nature, au chocolat ou encore aux fruits.

+ 2 bananes
+ 50 cl de lait demi-écrémé froid
+ 10 g de miel liquide
+ 1 boule de glace vanille

- Coupez les bananes et mettez-les dans le Soup & Co.
  Ajoutez le lait, le miel et la boule de glace vanille.
- Mixez à vitesse maximum pendant 2 min.
  Versez dans quatre verres et consommez tout de suite.

Avec un blender ou un mixeur plongeant :
Mettez les morceaux de banane dans un blender. Ajoutez le lait, le miel et la boule de glace vanille.
Actionnez le blender et mixez à vitesse maximum pendant 2 min afin d'obtenir une consistance lisse et mousseuse.

WELCOME
N.Y.C.
20 DIC 1997
NYC
DUS
FRA

Ketchup
USA

KETCHUP

Condiment réalisé à base de sauce tomate, sucre et vinaigre, il est universellement connu et le plus souvent associé aux Etats-Unis.

=  +  +  + 

- Épluchez les oignons et les gousses d'ail puis coupez-les grossièrement.
- Placez les tomates, les oignons, l'ail, le vinaigre, le Tabasco®, le sucre, le sel, le poivre et 40 cl d'eau dans le Soup & Co.
- Appuyez sur la touche P pour sélectionner le **programme P1**. Validez le programme en appuyant sur la touche **OK**.
- Laissez cuire 25 min puis laissez refroidir la sauce en la transvasant dans un récipient.

+ 800 g de tomates pelées fraîches ou en boîte
+ 2 oignons
+ 2 gousses d'ail
+ 2 c. à s. de vinaigre
+ 1 c. à c. de Tabasco®
+ 2 c. à s. de sucre
+ Sel
+ Poivre

Avec un blender ou un mixeur plongeant :
Mettez l'eau, les tomates, les oignons, l'ail, le vinaigre, le Tabasco®, le sucre et le sel dans une casserole. Faites cuire 20 min à feu moyen en remuant régulièrement. Mixez le tout à l'aide d'un mixeur plongeant ou d'un blender.

INDEX DES PRODUITS

REMERCIEMENTS DE L'ÉDITEUR

Merci à l'équipe créative du livre, à Adèle Hugot pour ses délicieuses recettes, à Fabien Corredera du groupe SEB Moulinex, ainsi qu'à Evelyne Landemaine et toute son équipe pour nous avoir accompagnés tout le long de la réalisation de cet ouvrage.

Merci à Églantine pour son aide précieuse.

REMERCIEMENTS DE LISSA STREETER

Un grand merci à Julia Borst de nous avoir aidées tout au long de ce projet.

Création des recettes
Adèle Hugot
Directeur de collection
Emmanuel Jirou Najou
Responsable éditoriale
Alice Gouget
Assistante éditoriale
Claire Dupuy
Photographies
Rina Nurra
Stylisme
Lissa Streeter
Conception graphique
Soins graphiques
Exécution et photogravure
Nord Compo
Responsable partenariats
Alice Vasseur
alice.vasseur@alain-ducasse.com

Dépôt légal
2nd trimestre 2011
ISBN 978-2-84123-389-2

Les Éditions Culinaires
64 rue du Ranelagh
75016 Paris
www.cookboutic.fr